Helmut Friedrichsmeier • Das versunkene Bosnien

Helmut Friedrichsmeier (Hg.)

Das versunkene Bosnien

Die photographische Reise des k. u. k. Oberleutnants Emil Balcarek
durch Bosnien-Herzegowina 1907/08

Historische Einleitung: Erwin A. Schmidl

:STYRIA

Die Deutsche Bibliothek – CIP-Einheitsaufnahme

Das **versunkene Bosnien** : die photographische Reise
des k. u. k. Oberleutnants Emil Balcarek durch
Bosnien-Herzegowina 1907/08 / Helmut Friedrichsmeier (Hg.). –
Graz ; Wien ; Köln : Verl. Styria, 1999
ISBN 3-222-12725-5

Layout und Umschlaggestaltung: Graphic-Design Mag. Kurt Rendl, Wien
Druck und Bindung: Druckerei Theiss GmbH, A-9400 Wolfsberg
ISBN 3-222-12725-5

Als Bosnien-Herzegowina noch bei Österreich war ...

Bosnien kann als mehr oder weniger selbständiges staatliches Gebilde bis ins späte 12. Jahrhundert zurückverfolgt werden, das seit dem 14. Jahrhundert auch das serbische Fürstentum Hum (oder Zahum, ungefähr der späteren Herzegowina entsprechend) einschloß. Seit dem 15. Jahrhundert gehörten Bosnien und die Herzegowina zum Osmanischen Reich.
Mit der Zurückdrängung der osmanischen Herrschaft gewann das Habsburgerreich im 18. Jahrhundert zunehmend Einfluß in Südosteuropa. Die berühmte „Militärgrenze" reichte in einem weiten Bogen um Bosnien-Herzegowina herum von Dalmatien bis zur Donau; aus strategischen Gründen trachtete Österreich daher schon früh, Bosnien und die Herzegowina zu erwerben. Nach der Niederlage Österreichs im Krieg von 1866 (Schlacht bei Königgrätz) erschien die Erwerbung dieser Provinzen als Kompensation im Südosten für die an Italien verlorenen Gebiete sowie als Hinterland für die dalmatinische Küstenregion besonders interessant. Der geschmälerte Einfluß in Deutschland führte zur Verlagerung der habsburgischen Außenpolitik nach Südosteuropa.
Um nach der Niederlage der türkischen Truppen im Russisch-türkischen Krieg (Präliminarfrieden von San Stefano 1878) eine einseitige Lösung der Balkanfrage zugunsten Rußlands bzw. Serbiens und Bulgariens zu verhindern, einigten sich die europäischen Mächte auf dem Berliner Kongreß im Sommer 1878 auf eine umfassende Regelung der „orientalischen Frage". Dabei wurde am 28. Juni eine Besetzung Bosniens, der Herzegowina und des angrenzenden Sandschaks Novipazar (zwischen Serbien und Montenegro) durch Österreich-Ungarn vereinbart. Aus diplomatischen Rücksichten sollte es sich staatsrechtlich lediglich um eine „Okkupation" handeln – nominell blieb die Souveränität des Sultans bis 1908 aufrecht, obwohl über die faktische Zugehörigkeit zu Österreich-Ungarn keine Zweifel bestanden.
Angesichts der osmanischen Zustimmung zu diesen Plänen erwartete man eine friedliche Besetzung der Provinzen – der k. u. k. Außenminister Julius Graf Andrássy hatte sogar gemeint, die Länder lediglich mit einer Militärmusikkapelle in Besitz nehmen zu wollen. Der „Okkupationsfeldzug" begann daher am 29. Juli 1878 mit unzureichenden Kräften.
Allerdings sahen insbesondere die orthodoxen Bosnier (damals 42,9 Prozent der Bevölkerung) eher in Serbien ihre Schutzmacht als in der Donaumonarchie; lediglich die Katholiken (18,1 Prozent) wünschten eine Vereinigung mit dem Habsburgerreich. Die mohammedanische Bevölkerung schließlich – vor allem die Oberschicht – befürwortete weitgehend den Verbleib im Osmanischen Reich, und im Sommer 1878 verstärkte sich die Stimmung gegen den bevorstehenden österreichisch-ungarischen Einmarsch.
In Sarajevo kam es zu Auseinandersetzungen zwischen regierungstreuen Truppen und Aufständischen bzw. über-

gelaufenen türkischen Soldaten; der Aufstand griff rasch auf die übrigen Landesteile über.
Für den Okkupationsfeldzug hatte Österreich-Ungarn zunächst lediglich ein Expeditionskorps von 82.000 Mann vorgesehen. Von Norden her rückten von Kostajnica, Gradiska, Brod und Samac aus drei Divisionen unter Feldzeugmeister (= General der Infanterie) Josef Freiherr Philippovic von Philippsberg, der selbst einer bosnischen Adelsfamilie entstammte, in Bosnien ein. Unterstützt wurde diese Operation durch die 18. Division (Feldmarschalleutnant [= Generalleutnant] Jovanovic), die von Dalmatien aus nach Mostar vorrückte.
Entgegen den Erwartungen der k. u. k. Diplomatie vollzog sich die Besetzung keineswegs friedlich. Es kam immer wieder zu Scharmützeln, gelegentlich – wie bei Jajce am 7. August – sogar zu größeren Gefechten. Dazu organisierten die Aufständischen im Rücken der vormarschierenden Truppen Überfälle – so wäre es ihnen Mitte August beinahe gelungen, Banja Luka im Westen sowie Doboj im Bosnatal zu nehmen und so das Gros der k. u. k. Truppen von den Nachschublinien abzuschneiden. Am 19. August eroberten österreichisch-ungarische Truppen Sarajevo, doch war mittlerweile klar geworden, daß zu einer wirklichen „Befriedung" ganz Bosnien-Herzegowinas weit stärkere Truppen erforderlich waren: letztlich mußte das Land regelrecht erobert, nicht lediglich „besetzt" werden. Insgesamt waren am „Okkupationsfeldzug" 270.000 Soldaten beteiligt, also rund dreimal so viele Truppen wie zunächst vorgesehen. Erst im September 1878 gelang es, der Aufstände in Bosnien-Herzegowina Herr zu werden und zur friedlichen Besatzungsperiode überzuleiten. (Der Sandschak Novipazar wurde erst ein Jahr später besetzt; es kam dabei zu keinen Zwischenfällen.)
In der Folge erfolgte die zivile Verwaltung durch das gemeinsame k. u. k. Finanzministerium – eines von nur drei gemeinsamen Ministerien der Donaumonarchie (die anderen waren das Kriegs- und das Außenministerium). Diese Konstruktion erscheint auf den ersten Blick seltsam, wurde aber einerseits wegen des staatsrechtlichen Status des besetzten Landes (unter nomineller Oberhoheit des Sultans) gewählt und andererseits, um die empfindliche Balance der Nationalitäten in der Donaumonarchie nicht dadurch zu gefährden, daß man Bosnien-Herzegowina der österreichischen oder der ungarischen Reichshälfte zugeschlagen hätte.
Trotz der Kämpfe 1878 – und der anfänglich verständlicherweise mißtrauischen bis ablehnenden Haltung von Teilen der Bevölkerung – gelang es den österreichisch-ungarischen Behörden rasch, eine geordnete Verwaltung zu etablieren.
Für das Land bedeuteten die vier Jahrzehnte der k. u. k. Verwaltung einen beachtlichen Modernisierungsschub in allen Lebensbereichen. So wurden beispielsweise durch großzügige Entwässerungsprojekte und Flußregulierungen neue Ackerflächen erschlossen: Allein von 1878 bis 1898 verdreifachte sich die landwirtschaftliche Produktion! 1914 gab es bereits

107 landwirtschaftliche Genossenschaften, um der Bauernschaft den Übergang zur modernen Landwirtschaft zu erleichtern. Während der k. u. k. Verwaltung stieg die Zahl der Schulen von 110 auf 595 Volksschulen sowie 21 Gymnasien und andere höhere Schulen; außer für mohammedanische Mädchen bestand Schulpflicht. Das Militär errichtete bereits 1879 ein Militär-Knabenpensionat in Sarajevo. Ende 1881 wurde auch die in Österreich-Ungarn bestehende Wehrpflicht auf Bosnien-Herzegowina ausgedehnt. (Vor allem in der Herzegowina kam es dagegen Anfang 1882 sogar zu einem regelrechten Aufstand, der nur unter Einsatz des Militärs niedergeschlagen werden konnte.) Bis 1894 wurden vier bosnisch-herzegowinische Infanterieregimenter aufgestellt, 1903 noch ein Feldjägerbataillon. Diese Truppen trugen lichtblaue Uniform mit gelben („goldenen") Knöpfen und roten Aufschlägen. Besondere Merkmale waren der rote Fez und die charakteristische „türkische" weit geschnittene Hose.
Diese „Bosniaken" dienten aber großteils nicht in Bosnien und der Herzegowina, sondern waren in Wien, Graz, Budapest und Triest stationiert, während regelmäßig zahlreiche k. u. k. Bataillone für mehrere Monate oder Jahre ins „Okkupationsgebiet" verlegt wurden – einerseits zur „Befriedung" des Landes, andererseits im Hinblick auf die krisenhafte Entwicklung in der Balkanregion. Für die Soldaten bedeutete der Dienst im heißen und „wilden" Bosnien oft genug eine Strafe, während die Offiziere darin eher eine berufliche Herausforderung und die Gelegenheit zu abenteuerlichen Entdeckungsreisen erblicken konnten. 1907 kam auf diese Weise auch Leutnant Emil Balcarek, dem wir die Aufnahmen dieses Bandes verdanken, nach Bosnien.
In gewisser Weise erlebte Balcarek in Bosnien-Herzegowina noch eine „heile Welt". Denn kurz nach seiner Rückkehr nach Oberungarn verschärfte sich 1908 die krisenhafte Entwicklung in Südosteuropa. Die Revolution der „Jungtürken", einer politischen Reformgruppe, schwächte die Türkei, und die Nachbarstaaten nützten die Gunst der Stunde: Bulgarien – formell noch tributpflichtiges Fürstentum – wurde als Königreich unabhängig. Österreich-Ungarn annektierte die – seit 1878 formal lediglich okkupierten – Provinzen Bosnien und Herzegowina, die damit auch staatsrechtlich Teil der Donaumonarchie wurden. Gleichzeitig gab Österreich-Ungarn den Sandschak Novipazar (der 1878 ebenfalls besetzt worden war) an die Türkei zurück (er wurde dann 1913 zwischen Serbien und Montenegro aufgeteilt).
Die Annexion Bosniens und der Herzegowina durch die Donaumonarchie formalisierte zwar im Grunde nur den Ist-Zustand, verschärfte aber die Spannungen in der Region. Serbien, das lange Zeit Österreichs Verbündeter in dieser Region gewesen war, fühlte sich düpiert und lehnte sich immer enger an Russland an. Während der beiden Balkankriege 1912/13 hatten die k. u. k. Truppen in Bosnien-Herzegowina und in Süddalmatien „verschärften Bereitschaftsdienst",

beinahe wäre es zum Krieg gegen Serbien und Montenegro gekommen. Bosnien-Herzegowina glich in dieser Zeit vor dem Ersten Weltkrieg, wie Zeitzeugen berichten, „einem Heerlager" mit nicht weniger als drei Divisionen, elf Brigaden, 58 Infanteriebataillonen, zwei Kavallerieschwadronen und sieben Artillerieregimentern. Auch die neuerliche Transferierung Emil Balcareks nach Bosnien-Herzegowina 1913 erfolgte im Zuge dieser militärischen Maßnahmen.

Vor dem Hintergrund dieser Spannungen wurden am 28. Juni 1914 der österreichisch-ungarische Thronfolger, Erzherzog Franz Ferdinand, und seine Frau während eines offiziellen Besuches in Sarajevo ermordet. Anders als 1912/13 gelang es den Diplomaten und Politikern in den folgenden Wochen jedoch nicht, die Krise friedlich zu lösen: im August 1914 begann die österreichisch-ungarische „Strafexpedition" gegen Serbien (serbische Offiziere waren in das Mordkomplott verwickelt gewesen). Binnen weniger Tage entstand daraus der – wie man damals sagte – „Große Krieg", der ganz Europa erfaßte. (Später, mit dem Kriegseintritt der USA und anderer überseeischer Staaten, wurde daraus der – erste – „Weltkrieg").

Die weitere Entwicklung ist bekannt: Nach der Niederlage Österreich-Ungarns wurde Bosnien-Herzegowina 1918 Teil des Königreichs der Serben, Kroaten und Slowenen (SHS-Staat, ab 1929 Jugoslawien). Im Zweiten Weltkrieg gehörte ein Teil des Landes zum (faschistischen) Staat Kroatien und war 1943–1945 einer der Hauptschauplätze des von allen Seiten brutal geführten Partisanenkrieges. Im 1945 neu entstehenden Jugoslawien war Bosnien-Herzegowina dann eine der fünf Teilrepubliken. Als sie sich 1992 für unabhängig erklärte, begann ein blutiger Bürgerkrieg, in den auch Serbien und Kroatien aktiv eingriffen. Seit dem Friedensvertrag von Dayton und Paris (Dezember 1995) ist Bosnien-Herzegowina de facto ein internationales Protektorat. Als „Hoher Vertreter" koordiniert seit Sommer 1999 übrigens wieder ein Österreicher, Botschafter Dr. Wolfgang Petritsch, die Bemühungen der internationalen Gemeinschaft um eine Stabilisierung des Landes.

Viele Österreicher, die zwischen 1878 und 1918 in Bosnien-Herzegowina dienten, spürten in diesem Land trotz der Modernisierung und des wirtschaftlichen und kulturellen Aufschwungs unter der k. u. k. Verwaltung ein „exotisches" Flair: in ihren Memoiren schrieben sie vom „geheimnisvollen Morgenland" mit seinen Moscheen und Minaretten, beschrieben mit Hochachtung und Zuneigung die Bewohner und erzählten von den abenteuerlichen Patrouillen in diesem „wilden", „orientalischen" Land. Vielleicht einer der schönsten Sätze findet sich in den Aufzeichnungen von Ferdinand Fauland: „Vierzig Jahre hindurch gehörten Bosnien und die Herzegowina dem alten Österreich zu, und jenes Österreich hat die ganze Zeit das Märchen des Orients treu gehütet, obwohl es seine Seele auch dem europäischen Wesen erschloß."

Wer war der k. u. k. Oberleutnant Emil Balcarek? „Mama, der Krampus hat ja (Militär-)Gamaschen an"; so oder ähnlich wunderte sich die kleine Tochter Elisabeth, als wieder einmal der obligate Nikolausbesuch im Hause Balcarek stattfand. Es wird etwa in der Zeit des Ersten Weltkrieges gewesen sein. Daß der Krampus auf diese Weise als Militärangehöriger entlarvt wurde, erklärt schon einen Teil der Existenz dieser Fotosammlung, denn der Krampus war niemand anderer als der frühere Offiziersbursche (=„Pfeifendeckel") von Oberleutnant Balcarek, der der Familie auch nach dem Militärdienst in Bosnien im mehr oder weniger zivilen Leben verbunden geblieben war. Und wer sonst als ein Pfeifendeckel hat den Offizieren beim Tragen des militärischen Gerätes geholfen oder im konkreten Fall die Fotoausrüstung auf die Berge hinaufgeschleppt? Sein Vorname war Johann, der Familienname aber ist im Lauf der Geschichte verloren gegangen, so daß ihm heute nur mehr ein anonymes Denkmal gesetzt werden kann. Wer aber war Emil Balcarek – der k. u. k. Leutnant, der es dann noch zum Oberleutnant gebracht hatte, bevor er 1910 in die Militärverwaltungslaufbahn umstieg?

Emil Balcarek wurde am 19. Oktober 1879 in Hotzenplotz bei Jägerndorf (heute Krnov in der Tschechischen Republik), im damaligen Österreichisch-Schlesien geboren. In Meyers kleinem „Konversationslexikon" (1909) kann man nachlesen, daß Hotzenplotz etwa 3000 fast ausschließlich deutschsprachige Einwohner zählte und über ein Bezirksgericht verfügte.

Seine Mutter hatte der junge Emil, der bis dahin tschechischsprachig aufgewachsen war, schon früh verloren, und als sein Vater ein zweites Mal, diesmal eine Deutsche, heiratete, litt er so sehr darunter, daß es mit seinen schulischen Erfolgen bald bergab ging. 1895 übersiedelte er deshalb – oder besser gesagt: wurde er übersiedelt – an die in der Monarchie weithin bekannte Militärreal- und Kadettenschule in Mährisch-Weißkirchen, einer Bezirksstadt, die zu dieser Zeit ein buntes Gemisch aus deutschen, tschechischen und jüdischen Bewohnern vermittelte (Hranice, Tschechische Republik). Danach besuchte Emil Balcarek ab 1896 die Infanteriekadettenschule in Lobzów bei Krakau (Kraków in Polen), von wo er am 18. August 1900 – Kaisers Geburtstag – zum Infanterieregiment Nr. 66, Ferdinand IV., Großherzog von Toskana, ausgemustert wurde. Die Soldaten dieses „ungarischen" Regiments kamen aus der heutigen östlichen Slowakei bzw. westlichen Ukraine:
46 Prozent der Mannschaften sprachen slowakisch, 25 Prozent ungarisch und 22 Prozent ruthenisch (= ukrainisch). Balcarek wurde 1901 Leutnant und 1908 Oberleutnant; wie die meisten anderen jüngeren Offiziere versah er „Kompaniedienst" bei der Truppe in Kassa (deutsch Kaschau, heute Košice in der Slowakei) und Ungvár (Užhorod in der Ukraine).
Einen Reitkurs in Losonc (Lučenec in der Slowakei) absolvierte Leutnant Balcarek 1905/06 nur mit „genügendem" Erfolg, ansonsten aber klingt seine Dienstbeschreibung (die heute im Kriegsarchiv in Wien aufliegt) höchst eindrucksvoll: er war nicht nur sehr sportlich (Fechter, Turner, Schwimmer und Radfahrer),

sondern auch Stenograph und Violinspieler sowie – diesem Umstand verdanken wir dieses Buch – „Amateurphotograph". Er war mittelgroß, kräftig und gesund; seine Vorgesetzten bescheinigten ihm „gute Geistesgaben und gute Auffassung". 1908 galt er als „ein braver, gewissenhafter, sehr verlässlicher Offizier mit musterhafter Lebensführung". Daß er in besonderem Maße „das Vertrauen und die Anhänglichkeit seiner Untergebenen" besaß, mochte auch seinen Sprachkenntnissen zu verdanken gewesen sein: da er zweisprachig (deutsch und tschechisch) aufgewachsen war, fiel es ihm leicht, in kurzer Zeit auch das Slowakische, die Muttersprache der meisten seiner Soldaten, „vollkommen" zu erlernen.

In den letzten Jahren vor dem Ersten Weltkrieg garnisonierten die Regimenter der k. u. k. Armee meist in ihrer Heimat. Viele Regimenter entsandten jedoch turnusweise ein Bataillon nach Bosnien-Herzegowina, das seit 1878 von Österreich-Ungarn verwaltet wurde. 1907/08 war das I. Bataillon des IR 66 in Bosnien, und so diente Leutnant Balcarek vom 23. Oktober 1907 bis 7. April 1908 in Zvornik im Nordosten Bosniens, einer Bezirks- und Festungsstadt an der Drina (ebenfalls bei „Meyer" nachzulesen: 1895 etwa 3100 Einwohner, gelegenen im Kreis Dolnja-Tuzla; „hat Bezirksgericht und Holzhandel"). Diesen Aufenthalt nützte Emil Balcarek abseits von seinen dienstlichen Pflichten, um dieses Land zu Fuß, mit dem Rad oder der Eisenbahn zu erkunden. Dabei kamen ihm zweifellos zwei seiner Tugenden besonders zustatten: sein Hang zur Natur, zum „Erwandern" der Natur, und seine gleichzeitige Neigung, Ereignisse und Beobachtungen penibel genau zu dokumentieren. Für seine Zeit war Balcarek durchaus weitgereist: er kannte nicht nur Ungarn und Bosnien durch Manöver und militärische Übungen, sondern auch die österreichischen Alpenländer, Italien, die Schweiz und Bayern sowie die Adriaküste und Bosnien-Herzegowina durch Reisen. Gleichzeitig war Emil Balcarek aufgrund seiner zweisprachigen Jugend ein sehr toleranter Mensch und auch ein Sprachentalent – letzteres war in der vielsprachigen Armee des alten Kaiserreiches sicherlich kein Nachteil und nützte ihm schon vorher bei mehreren Reisen bis hinunter nach Süditalien, worüber ebenfalls sehr genaue Fototagebücher im Familienbesitz erhalten sind. Schade eigentlich, daß es Emil Balcarek nicht noch in entlegenere Weltgegenden verschlagen hat – wir bzw. die Zunft der Ethnologen würde heute wahrscheindlich über wertvolle Zeugnisse über andere Kulturen aus dieser Zeit verfügen. Kurz nach seiner Rückkehr wurde Balcarek am 1. Mai 1908 zum Oberleutnant befördert, entschloß sich aber bald, vom Offizier zum Militärbeamten umzusteigen. Über die Gründe können wir nur mutmaßen – seine bevorstehende Heirat mit einer Wiener Lehrerin dürfte jedenfalls mitgespielt haben. Einerseits wäre es für den jungen Offizier schwierig gewesen, die nötige „Heiratskaution" (d. h. den Nachweis eines entsprechenden Zusatzeinkommens zum „standesgemäßen" Lebensstil bzw. zur Versorgung der Familie im Ablebensfall) aufzubringen. Andererseits ermöglichte der Wechsel zur

Beamtenlaufbahn den längeren Aufenthalt in Wien anstatt in einer fernen Garnison.
Jedenfalls: Im September 1909 wurde Oberleutnant Balcarek der Militär-Baurechnungsstelle des II. Korps in Wien zur „Probedienstleistung“ zugeteilt und legte 1910 die Prüfung zum Militärbaurechnungsbeamten mit gutem Erfolg ab. Mit 1. Juni 1910 mutierte der Oberleutnant zum Militärbaurechnungsoffizial; fünf Jahre später, knapp vor Ausbruch des Ersten Weltkrieges, wurde er Militärbaurechnungsoberoffizial, was einem Hauptmann im Militär entsprach.
Bis 1913 diente Balcarek in Wien und bewährte sich – schon 1912 wurde ihm bescheinigt, „bei großen Bauten gut verwendbar“ zu sein. Im September 1913 kehrte er nach Bosnien-Herzegowina zurück, als Beamter der k. u. k. Geniedirektion in Trebinje, im südöstlichen Teil der Herzegowina, der er bis zum Ende des Ersten Weltkrieges angehörte. Allerdings war er nicht dauernd in Trebinje: bis November 1914 war er zum k. u. k. Kriegsministerium in Wien kommandiert; danach diente er bei den Bau- und Befestigungsabteilungen verschiedener Korpskommanden an der Ostfront. So war er von Dezember 1914 bis Februar 1915 bei der Gruppe des legendären Generals Karl Freiherr von Pflanzer-Baltin im Karpatenwinter, dann beim VII., VIII., III. und wieder beim VII. Armeekorps. Er betreute und organisierte selbständig Befestigungsanlagen in der Bukowina ebenso wie Straßen- und Feldbahnbauten hinter der Front in Bessarabien (Ostrumänien/Moldavien). Ab März 1918 diente er in der k. u. k. Bauoberleitung für Artilleriebauten.
Zur Jubiläums-Erinnerungsmedaille von 1908 kamen im Weltkrieg noch das Goldene Verdienstkreuz mit Krone am Bande der Tapferkeitsmedaille (1915) und die Bronzene Militär-Verdienstmedaille („Signum Laudis“, 1917). Damit repräsentiert Balcarek eine Personengruppe im Militär, die in der traditionellen Militärgeschichte kaum Beachtung findet: die Militärbeamten, ohne die es zu keiner Zeit möglich gewesen wäre, Kriege zu führen und die Soldaten zu versorgen. Seine Dienstbeschreibung von 1918 sparte nicht mit Lob: „hervorragend, gewissenhaft, unermüdlich eifrig, überaus pflichtgetreu und absolut verlässlich, streng militärisch, aufrecht gediegener und tadelloser Charakter. Verfügt über sehr gediegende Fachkenntnisse. Ist von sehr reifer Urteilskraft und vornehmer Denkungsart.“
Mit dem Zusammenbruch der Donaumonarchie endete bald nach 1918 Balcareks militärische Karriere. Er, der nach Jawiszowice im Bezirk Biała in Galizien (heute Polen) heimatberechtigt gewesen war, wurde Staatsbürger der Republik (Deutsch-) Österreich.

Ich selbst habe Emil Barcarek nicht gekannt; eines seiner fünf Enkelkinder ist jetzt meine Frau.
Emil Balcarek wurde mir von allen Angehörigen, die ihn kannten, über seine bereits erwähnten Eigenschaften hinaus als introvertiert, höflich, zurückgezogen, vorurteilsfrei, musisch gebildet (er spielte Geige), manchmal auch als leicht depres-

siv und als stiller sowie stets neugieriger Beobachter der Natur und des Alltagslebens geschildert. Diese Charaktereigenschaften, verbunden mit jugendlicher Aufbruchsstimmung und Abenteuerlust (Emil Balcarek war zu jener Zeit 28 Jahre alt), haben offensichtlich zur Entstehung dieser Bildersammlung über ein Land beigetragen, das wir heute hauptsächlich mit Ruinen, nationalem Haß, Soldaten und Flüchtlingen – auf welcher Seite auch immer – assoziieren. Es wäre diesem schönen Land zu wünschen, daß es mehr Leute – so wie seinerzeit der k. u. k. Leutnant Emil Balcarek – mit Fotoausrüstung als mit Gewehren durchstreifen und erkunden würden. So gesehen will diese historische Fotosammlung seinen Teil dazu beitragen, daß vor den Augen des Lesers und Betrachters ein etwas anderes Bild von Bosnien entsteht, als es uns durch ZDF, ORF, CNN etc. in unsere Wohnungen vermittelt wird.

Emil Balcarek ist 95jährig 1974 in Wien gestorben. Er hat, wie man mir erzählte, immer wieder zur Unterhaltung seiner Kinder und Enkelkinder aus seinen früheren Reisetagebüchern vorgelesen sowie seine Fortoalben gezeigt und sich damit nicht nur kindlichen Beifall gesichert, sondern auch dazu beigetragen, ein Klima der Vorurteilsfreiheit und Toleranz zu schaffen, das man heute am Balkan so schmerzlich vermißt.

Zum Geleit

Bosnien-Herzegowina: Ein Land, dessen politische Geographie und Lage heute niemandem mehr erklärt werden muß, denn diese Aufgabe haben Zeitungen und Fernsehen in den letzten Jahren ja im Übermaß wahrgenommen. Und deshalb ist es auch schwierig, sich diesem Land am Balkan behutsam anzunähern – vor allem dann, wenn es eine nostalgische Annäherung ist, auf der schon die Patina der alten k. u. k. Monarchie liegt.

Wenn man, so wie ich, in der ehemaligen Sommerfrische des letzten Kaisers von Österreich (Ischl) geboren wurde, hat man in gewisser Weise das Privileg, über das alte Bosnien-Herzegowina in einer Weise nachdenken zu können, die abseits von tagespolitischen Realitäten in die Vergangenheit führt, ohne daß man gleich in den Verdacht gerät, monarchistisch, legitimistisch oder gar imperialistisch zu denken. Heute liegen, man möge sich dessen bewußt sein, wenn man von Österreich auf dem Landweg in die Türkei gelangen möchte, je nach Wahl der Route, fünf oder sechs Staaten dazwischen – damals gab es noch gemeinsame österreichisch-türkische Zollstationen ... (siehe später im Bildteil).

Bosnien hatte lange Zeit im wesentlichen nur eine Bedeutung, nämlich jene, die uns in der Volksschule von heimatkundlich bemühten Lehrern nahegebracht wurde: Es war das Land, dem wir die besondere (Schmal-)Spurweite der berühmten, und auch in Operettenliedern verewigten Salzkammergut-Lokalbahn zwischen Salzburg und Bad Ischl verdankten. Nach der Okkupation Bosniens durch die Monarchie, so hieß es, hätte die österreichische Generalität darauf gedrungen, auch in den Kernländern der Monarchie einige Eisenbahnen mit derselben Spurweite zu bauen, wie sie in Bosnien nach Abzug der Türken vorgefunden wurde. Auf diese Art und Weise könnte man im Kriegsfall mit der Türkei oder bei sonstigen militärischen Notwendigkeiten in Bosnien auch aus dem Hinterland rollendes Material und Lokomotiven dorthin verbringen. Ich habe nie überprüft, ob dieser Umstand historisch belegt ist, aber das würde auch nichts an der Sache ändern, denn Bosnien war so und nicht anders in meiner Kindheit präsent. Und ich stellte mir dabei lebhaft vor, wie ächzende und zischende Lokomotiven unserer geliebten Bahn in Bosnien heldenhafte Legionärsdienste leisten würden.

Heute ist es ein anderes Bosnien: zunächst das touristische, dann das kriegsverwüstete. Es wäre wohl bei aller Nostalgie nicht richtig, diese Umstände aus einer historischen Reise in dieses Land völlig auszuklammern. Denn wenn wir einer multikulturellen Vielfalt, wie sie auf vielen Bildern des k. u. k. Leutnants Emil Balcarek zum Ausdruck kommt, von Muslimen, Serben, Kroaten, Deutschen (Schwaben), Türken, Juden, und und und ... nachtrauern, so tun wir das nicht zuletzt auch aus dem Wunsch heraus, daß ein Teil dieses Klimas heute wieder spürbar werden möge. Der Leser wird die alte Straßenbahn von Sarajewo wiederfinden, die vor wenigen Jahren unter großem medialen Interesse nach ihrer Zerstörung reaktiviert wurde, um der Welt zu zeigen, daß Bosnien „lebt". Und auch viele der Straßen und Plätze, die Leutnant Balcarek als Beweis für ein Bosnien des friedlichen Zusammenlebens seinerzeit fotografiert hatte, wurden später wahrscheinlich von serbischen, kroatischen, muslimischen oder bosnisch-moslemischen Granaten zerstört.

Vielleicht ist deshalb der fotografische Rückgriff auf eine – in historischen Dimensionen gemessen – nicht allzuferne Vergangenheit auch ein möglicher Blick in die Zukunft dieses schönen und interessanten Landes im Südosten Europas.

Helmut Friedrichsmeier
Wien, im Sommer 1999

Vom Mai 1907 bis Mai 1908 diente ich als Leutnant beim I. Bataillon des k. und k. Infanterie-Regiments „Großherzog von Toskana Nr. 66“ in Zvornik in Bosnien an der serbischen Grenze (an der Drina).

Ich habe dieses interessante und fremdartige Land mit vielfach mohammedanischer Bevölkerung binnen kurzem sehr lieb gewonnen und habe im Laufe meines dortigen Aufenthaltes in Zvornik und Umgebung sowie auch während meiner Wanderungen und Radtouren und besonders während der großen Manöver im übrigen Bosnien und auch in der Herzegovina viel Interessantes mit meiner Kamera festgehalten.

Dieses Photoalbum bildet eine Auswahl meiner selbstverfertigten Aufnahmen und zugleich ein sehr liebes und teures Andenken.

L. Balcarek.

1

Zvornik, Haüptstraße gegen Süden. Das Eckhaüs ist ein einfaches Kaffeehaüs. Die 3 Fenster des 1. Stockwerkes war meine Wohnüng. Im Hintergründ Bastionen ünd Türme der verfal-lenen ehemaligen Bürg der „Prokleta Jelena" (=Verfluchte Helena).

2

Zvornik, Haüptstraße gegen Norden. Im Hintergründe das Minarett einer Moschée (Džamija). Dahinter der Berg Vratolovac.

1

2

3

Zvornik, Straßenbild mit einer Džamija (= Moschee). Dorfleute ziehen heimwärts vom Zvorniker Wochenmarkt.

3

4

In Dolnja Tuzla. Markt auf dem Appel-Platz.

5

Ebendort.

4

5

6

Zvornik, Straßenbild gegen den Berg Vratolovac.

7

Zvornik, Straßenbild mit einer Džamija (= Moschee). Dorfleute ziehen heimwärts vom Zvorniker Wochenmarkt.

6

7

8

In Dolnja Tuzla. Zwei verschleierte Türkinnen in Feredži und Jaschmak.

9

In der Čaršija von Dolnja Tuzla (vom türk. čaršu = Markt.)

8

9

10

Zvornik, im nördlichen Stadtteil. Moschee mit Minarett, typisches bosnisches Haus.

11

Zvornik, mohammedanische Ortsstraße mit typisch bosnischen Häusern: spitze Dächer, die Fenster mit Holzgittern (muscharabijeh) versehen.

10

11

12

In Dolnja Tuzla. Markt aüf dem Appel-Platz.

13

Ein Floß auf der Drina, von Višegrad kommend. In der Nähe der Unteren Festung.

13

14

Das serbische Drina-Ufer mit dem Dorf Mali Zvornik und den serbischen Bergen.

15

Blick über den Drina-Fluß nach dem serbischen Ufer.

14

15

16

Blick über die Türme und Bastionen zwischen der Oberen und Unteren Festung auf das Drinatal u. das serb. Ufer.-

17

Bei Zvornik. Eine kleine Mühle am Bach unterhalb der Berg-straße.

18

Blick von der Krbljina-Kaserne über das herzegovinische Karstland. Mitten durch den öden Karst schlängelt sich die Straße. Im Hintergrund die montenegrinischen Berge mit dem Maglić (2388 m). Leutn. Balcarek sieht mit dem Feld-stecher in's Karstland.

17

18

19

Drina=Landschaft mit den zwei herausragenden Felsen „Scylla" und „Charybdis" gegen die Berge Serbiens. Rechts die Dorf=Džamija von Divić.

19

20

Kušlat-Džamija (Moschee) hoch oben auf steilem Felsen im Tale der Drinjača südlich Zvornik.

21

Straße von Divič nach Zvornik. Bastionen und Türme der alten Burgruine. Untere Festung. Drinatal.

20

21

22

Drinatal gegen Süden samt den Türmen der Unteren Festung vom felsigen Drinaufer aus gesehen. Schafherde.

23

Rückblick von der Straße nach Divić auf die Obere Festung, die alte Burgruine, die Untere Festung und Zvornik samt Drina und den Berg Vratolomac (Vratolovac?)

22

23

24

Eine verschleierte reitende Türkin wird dürch die Untere Festüng geleitet.

24

25

Ein Zigeünerhaüs in der „Ciganjska mahala" (Zigeünerviertel von Zvornik.)

26

Oberleüt. Marcsák im Kreise der landesüblichen Zigeüner-Müsikkapelle. Rechts ünten ein Irrsinniger.

25

26

27

Eine Grüppe züsammen mit der primitiven Zigeünerkapelle von Zvornik. In der Mitte Oberleüt. Marosák.–

28

Straßenbild in Zvornik vor einem „dućan“ (bosnisches Gemischt, warengeschäft), dessen Besitzer (der sitzende Türke ganz rechts mit Tschibuk im Münd ünd einer Schale Kaffee vor sich aüf der Erde), ein Aga, während der Okküpation Bosniens einen österr. Major erschoß. Die golde Uhr des Offiziers befand sich noch im Besitze des Aga.

27

28

29

Bei Višegrad: vom Markt heimkehrende, auf Tragtieren reitende Bäuerinnen.

30

Ein mohammedanisches Mädchen flüchtet vor dem Photographen und bedeckt sich mit einem Tuch. (Der Korân verbietet Anfertigung von Bildern von Menschen und Tieren.)

29

30

31

In Divić, südlich Zvorniks. Leutn. Balcarek im Kreise der Dorfkinder.

31

32

Griechisch=orthodoxe („serbische") Mädchen in ihren Trachten.

33

Ein bosnischer Gendarm auf „Vorpaß".

34

Marktaufnahme.

35

Griechisch-orthodoxe Frauen in ihren Trachten vor einem bosnischen Bauernhaus.

32

33

34

35

36

Der „Mukhtar" (Dorfältester) von Divić und sein Freund.

36

37

Ein mohammedanischer Bettler mit Tschibuk.

38

Ein Muezzin (Gebetsausrufer), Tschibuk rauchend und auf
einem Kistel unbequem sitzend.

37

38

39

Müezzin (Gebetsausrufer) aus Zvornik.

40

Der „Kapellmeister" der mohammedanischen Zigeunerkapelle in Zvornik.

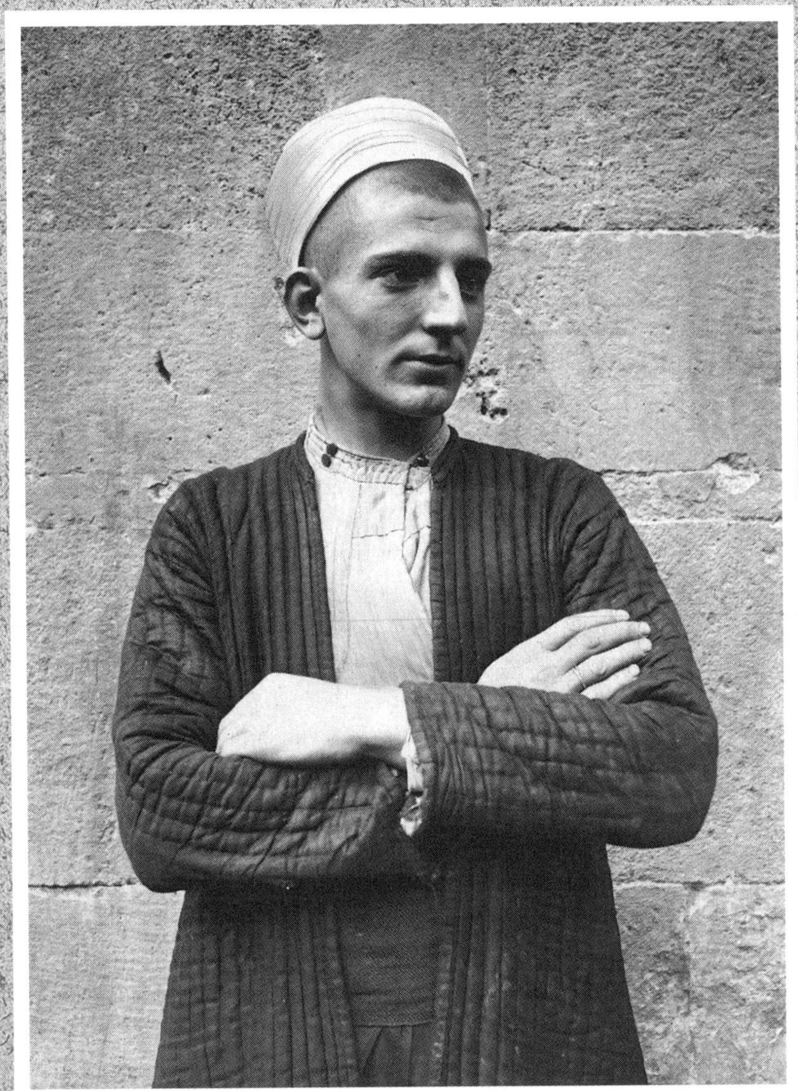

39

40

41

Alter Mohammedaner mit Klaubholz.

42

Junger Mohammedaner aus Divić.

41

42

43

In Zvornik: ein herumziehender albanischer Backwerk-verkäufer. In der Kanne hat er „buza", ein süßlichsaures Getränk, aus Mais gegoren.

44

Ein serbischer Bauer zu Pferd.

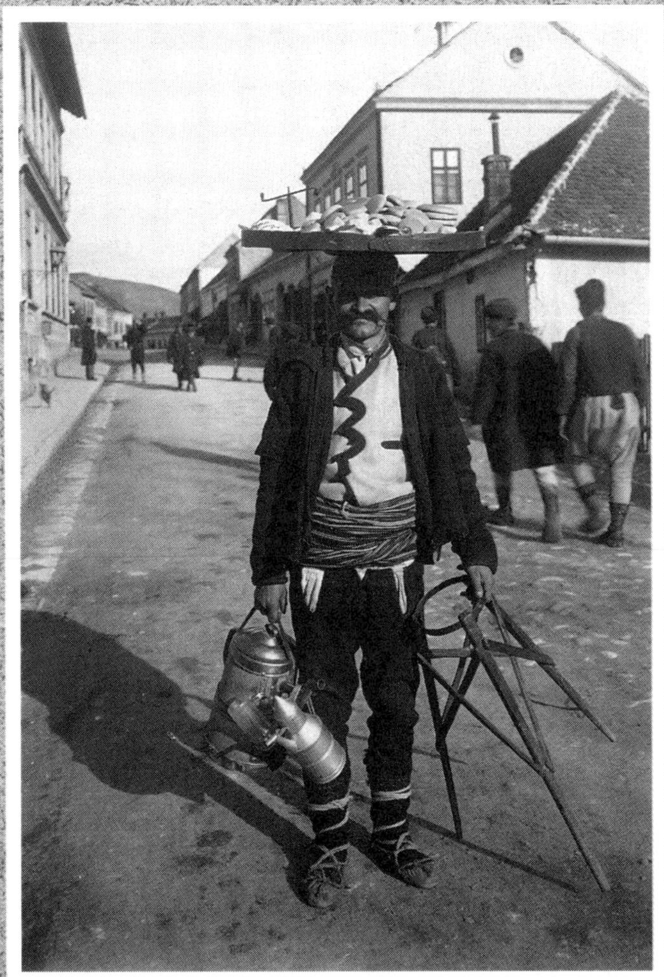

43

44

45

Kein Originalbildtext von Emil Balcarek vorhanden.

45

46

Zvornik, offenes, landesübl. Kaffeehaus.

47

Eine wandernde mohammedanische Zigeunerbande.

46

47

48

Familie des Smail Beg Hadži Nür Begović (ohne die Frauen!)

49

Eine wohlhabende serbische familie.

48

49

50

Eine Grüppe mohammedanischer Dorfbüben.

51

Drei Typen aüs der Umgebüng von Zvornik.

50

51

52

Ortspolizei (Mohammedaner) in Zvornik.

53

In Zagorje (im herzegovinischen Karst). Eine griechisch orthodoxe Familie vor ihrer primitiven Behaūsūng. Die Männer tragen das Hemd heraūshängend, die Weiber tragen Hosen aūs dickem Filz.

54

In der „Ciganjska mahala" (Zigeūnerviertel) von Zvornik. Spūlende mohammedanische Zigeūnerinnen.

53

54

55

Kein Originalbildtext von Emil Balcarek vorhanden.

56

Ein bosnischer „Kolo"-Tanz der einheimischen Bevölkerung.

55

56

57

In den Bergen bei Zvornik. Preisschießen aus Anlaß der Hochzeit des wohlhabenden Smail Beg Hadži Nurbegović. Der Bräutigam schießt eben mit einem langen, landesüblichen alten Feuersteingewehr, das so schwer ist, daß es vorn aufgelegt werden muß. (Ein solches Gewehr befindet sich in meiner Waffensammlung!)

58

Kugelgießen für das Preisschießen aus Anlaß der Hochzeit in der Familie des wohlhabenden Smail Beg Hadži Nurbegović.

57

58

59

In Divić (südlich Zvornik). Eine Gruppe vor einem „dućan" (landesübliche Greislerei). Links: Oblt Kezan, rechts Oberleut: Krämer.

TABAK
Dućan
DUHANA
192

60

Vor einem „dućan" (bosnische Greißlerei) im Dorf Divić bei Zvornik.

61

In Dolnja Tuzla. Zwei wohlhabende mohammedanische Kaufleute vor dem Geschäftsladen sitzend.

60

61

62

Zvornik, „Handelshafen" an der Drina.

63

An der Drina in Divić.

62

63

64

Eine der häufigen verankerten Flußmühlen am bosnischen Drina-Ufer. Dahinter die Berge Serbiens.

65

Eine Flußmühle am bosnischen Drinaufer. Dahinter die Obere Festung von Zvornik.

64

65

66

Großes Ruderboot für Frachten an der Drina. Dahinter das felsige Bergland Serbiens. Von Zvornik aus.

66

67

Windmühle bei Kozluk (14 km nördl. Zvornik).

68

Eine primitive Turbinenmühle.

67

68

69

Bosnische Bauern ackern ein steiniges Feld mit ganz primitiven hölzernen Pflügen ohne den geringsten Eisenbestandteil.

70

Bosnische Büffel als Haustiere.

71

Ein landesübliches, sehr primitives Bauernfuhrwerk, bespannt mit 3 Paar Büffeln. Am ganzen Wagen befindet sich kein einziger Eisenbestandteil. Nicht einmal die Räder sind mit Reifen beschlagen. Die Räder werden auch nie geschmiert, kreischen daher, bereits auf weite Strecken hörbar. Wir nannten solche Fuhrwerke „Bogumilen-Fiaker“.

69

70

71

72

Gesamtanblick der Narenta-Brücke in Mostar mit ihren beiden Tortürmen.

73

Blick von der steinernen Narenta-Brücke in Mostar ins Narentatal mit ihren wild zerrissenen und zerklüfteten Felsufern.

74

Ein Stadtteil von Mostar, der Hauptstadt der Herzegowina. Mostar liegt nur 59 m über dem Meer.

73

74

75

Zvornik, von der Drina aus gesehen.

76

Im nördlichen Teil von Zvornik.

75

76

77 + 78

In Travnik.

77

78

79

Ein Stadtteil von Mostar mit der Narenta und der in der 2. Hälfte des 15. Jahrh. erbauten steinernen Brücke mit 2 Tortürmen. Die Brücke ist in einem einzigen Bogen von 31 m Spannweite, 19 m über der Narenta erbaut.

80

Ein Blick (wie vor) von einem anderen Standpunkt der Narenta-Brücke in Mostar.

79

80

81

Skela-Džamija (Moschee) in Zvornik.

81

82

Zvornik. An der Drina, typische bosnische Häuser.

83

An der Bahnstrecke von Bosnisch-Brod nach Sarajevo: Die alte Feste und ein ehemaliges Räubernest Vranduk (90 km nördl. von Sarajevo), auf einer von der Bosna umflossenen Landzunge malerisch gelegen. Aufnahme aus dem fahrenden Zug.

82

83

84

Ein altes verfallenes bosnisches Haüs in der Nähe v. Zvornik.

85

Kein Originalbildtext von Emil Balcarek vorhanden.

84

85

86

Dolnja Tuzla. Čaršinjska džamija mit einer Medresse (= mohammedanische Schule neben einer Moschee).

86

87

Dolnja Tuzla. Polska Džamija. Leutn. Balcarek mitten in einer Gruppe Einheimischer.

88

Dolnja Tuzla. Stara Džamija. Verschleierte Türkin.

87

88

89

In Dolnja Tuzla. Vor einem guten Hotel „à la franka".

89

90

Im Schwefelbad Ilidže bei Sarajevo. Das staatliche Hotel „Austria" samt Parkanlage. Ilidže besitzt schwefelhaltige Thermalquellen, 58°C.

91

Zvornik, Hauptstraße. Hotel „Stadt Wien".

90

91

92

Ein Blick aus dem Wagenfenster der Schmalspurbahn un-
terwegs von Sarajevo nach Mostar.

93

Der Ivan-Tunnel (648 m lang) an der Bahn von Sarajevo
nach Mostar. Die Bahn durchbricht unmittelbar hinter der
Station Ivan (876 m hoch) den Rücken der Ivan Planina (1012 m),
der Wasserscheide zwischen dem Schwarzen und dem Adria-
tischen Meer. Hier ist die Grenze zwischen Bosnien und der
Herzegovina.

92

93

Bei Dobropolje, zwischen Trnovo und Kalinovik.
Felspartien mit der Bezeichnung „Wilhelminental“, welch letztere wahrscheinlich aus der Zeit nach der Okkupation Bosniens und der Herzegovina stammt, als durch das Militär neue Straßen und Wege angelegt wurden. In der Felsmulde steht Leutn. Balcarck.

WILHELMINENTHAL

95

Blick von der Terrasse des Rathaüses aüf Sarajevo. Ein Teil des Stadt-Panoramas mit der Miljačka.

95

96

Gesamtansicht von Sarajevo.

97

In Sarajevo. Das Rathaus (am Fluß Miljácka), 1892–95 im maurisch-byzantinischen Stil in roten und gelben Ziegeln erbaut.

96

97

98

Die Čaršija (Bazar) in Sarajevo, der Mittelpunkt des Handels- und Gewerbeverkehrs der Hauptstadt Bosniens, besonders am Mittwoch sehr belebt, wenn die Bewohner der weiteren Umgebung hier zusammenströmen. Die Čaršija bildet ein Gewirr von über 50 Gäßchen, die von Holzbuden mit dahinterliegenden Magazinen eingefaßt sind. Schuster, Schneider, Grünzeug= und Obsthändler, Sattler und Kupferschmiede, Trödler, überhaupt jedes Handwerk und Gewerbe, haben hier ihre eigene Abteilung. Eine Spezialität bilden hier die schönen Kupferwaren, die Silber=filigran-Arbeiten, die mit Gold= und Silberfäden durchwebte Leinwand, Tischdecken, Gürtel= und Turbantücher, Gebet= und andere Teppiche mit Inschriften aus dem Koran u. dgl. mehr.

99

Eine Ansicht von Sarajevo. Türkisches Haus, dahinter eine Moschee.

98

99

100

Eine Partie in der Čaršija von Sarajevo.

101

Eine andere Partie in der Čaršija von Sarajevo.

102

Wieder eine andere Partie in der Čaršija von Sarajevo.

101

102

103

Ein Stadteil von Sarajevo.

104

Eine andere Partie in der Čaršija von Sarajevo.

103

104

105

Ein Stadteil von Sarajevo in Gewitterstimmung.

106

Leutn. Balcarek und Leutn. Czeczetka verlassen das Südtor der Unteren Festung.

107

Obere Festūng, von der Westbatterie aūs gesehen.

108

In der Oberen Festūng. Blick aūs der Poterie der Westbatterie gegen die Festūng.

107

108

109

Obere Festung. Blick von der Nordbatterie gegen die West-batterie. Oben der Wachposten. Rechts unten Leutn. Balcarck, mit den beiden Festungshunden.

109

110

Blick vom „Indianerweg", der von der Oberen Festüng zür Unteren Festüng hinünterführt, über den nördlichen Teil der Unteren Festüng aüf Drina ünd das serbische Ufer ünd die Berge. Pülvertürm, links davon das Pülver-Verkaüfshaüschen.

111

Türme der Unteren Festüng an der Drina. Darüber Rüinen, türme der alten Bürg der „Prokleta Jelena". Im Lager der Unteren Festüng waren 2 Kompanien des I/66. Infanterie-bataillons üntergebracht.

112

Alter Pülvertürm der Unteren Festüng von Zvornik, zügleich das nördliche Festüngstor.

110

111

112

113

Das Offizierskorps des I/66. Infanteriebataillons in Zvornik. Ganz rechts: Leutn. Balcarek, dann Dr. Schärf, Oberleutnant Siegel, Oberlt. Kezan, Oberleut. Krämer. In der Mitte: Oberstleutn. Poleschensky (Bataillonskommandant), Hauptm. Sander, Hauptm. Winkler, Hauptm. Máriássy.

113

114

An der verschneiten Straße an der Drina von der Unteren Festüng nach Zvornik. In der Mitte: Leütn. Balcarek.

115

Zvornik. Im Militär-Marodenhaüs. Rgtsarzt Dr. Schärf.

114

115

116

Obere Festung. An der Westbatterie. Eine Abteilung der Festungsartillerie beim Schießexerzieren mit den Mörsern.

117

Auf dem Militär-Schießplatz von Zvornik.

118

In Zvornik: Mangels einer öffentlichen Uhr wird täglich zu Mittag aus einem alten türkischen Geschütz durch einen Soldaten der Mittagsschuß abgefeuert. Links: Leutnant Anelt vom 1. Bataillon des Infant.-Regmts Nr. 66.

117

116

118

119

In Zvornik. Der Mittagschuß wird täglich abgefeuert, da es im ganzen Ort keine öffentliche Uhr gibt.

119

120

Befestigte Kaserne auf der Krbljina Zviezda, 1415 m, süd, lich Trnovo. Im typisch öden Karstland. Neben der Kaserne steht mein Kamerabegleiter, Leutn. Riedl (gefallen im 1. Weltkrieg.)

121

In der Oberen Festung. Tragtiere des Gebirgstrains, abmarschbereit.

120

121

122

Rasttag während den bosnischen Manövern. Im Lager von Kalinovik. Eine Gruppe Offiziere des bosnisch-herzegovinischen Infanterie-Regiments Nr. 1 beim Kartenspiel und kühlem Trunk. Vor der Marketenderei. Rechts rückwärts der mohammedanische Marketender. Links sitzend Leutn. Balcarck. Neben ihm mit Sonnenschirm Leutn. Riedl, der stets getreue Kamerabegleiter.

123

Kalinovik (zka 1200 m hoch gelegen), Ort, Defensionskaserne, die Festung Gradina. Aufgenommen vom Vezac aus. Leutn. Riedl mit Leutn. Balcarek. Herzegowina.

124

Marsch einer Batterie der Gebirgsartillerie durch den Karst.

123

124

125

Bei Kalinovik. Großes Militärlager B während den Manövern. Zelte für je 30 Mann.

126

Bei Kalinovik. Im Lager des I./66. Infant. Bataillons. Im Vordergrund Offiziere: Hptm. Winkler, Oblt Marcsák (rechts sitzend, Leütn. Jurovčin. Links vom Oblt Marcsák Leütn. Balcarek. Dann Mannschaft. Rückwärts steht die Offizierswohnbaracke.

125

126

127

Während der bosnischen Manövern 1907: Rast beim Han Ozren (nördl. Sarajevo am Berg Ozren). Ein Teil des Offizierskorps des I/66. Infant.-Bataillons.

128

Kleine Festung Vranja Glava (Rabenkopf), 1110 m hoch im Karst; erbaut 1905. Leutn. Balcarek mit Leutn. Riedl.

127

128

129

Aus dem Sandschak Novi Bazar: türkische Offiziere.

129

130 + 131

Aus dem Sandschak Novi Bazar: türkisches Militär.

132

Grenzbrücke zwischen dem Sandschak Novi Bazar und der Türkei. Links steht der türkische, rechts der österreichische Wachposten.

130

131

132

133

Obere Festung. Blick durch eine Geschützscharte in die serbischen Berge. Leutn. Zalán (gefallen im 1. Weltkrieg) mit den Festungshunden.

134

Eine Grüppe von Offizieren ünd einheimischen Mohammedanern beim Kaffeetrinken. Rechts mit weißer Kappe: Oberleütnant Boda.

135

Leüt. Balcarek mit einer Schar mohammedanischer Dorfkinder in Divić bei der Dorfmoschee.

134

135

Eine Jux-Aufnahme: Eine Gruppe von Offizieren mit Fez und umgebundenen Servietten (als Turban) mit Tschibuk und türk. Kaffée um die alte türkische Kanone. Unten sitzend von links: Leut. Wąsowicz, Oblt Krämer. Auf der Kanone sitzend: Oblt Aladár Dolvéth, Oblt Marcsák, oben stehend: Leutnant Eduard Riedel und Oberleutnant Boda.

137

Jagdgruppe mit 6 Jagdhunden; von links nach rechts: Offiziersdiener, Leut. Obsenica, Leut. Czeczetka, Offiziersdiener, Oblt. Siegel, Oblt Otto Winkler, sitzend mit Gewehr.

138

Unterwegs zur Jagd. Leutnant Balcarek und Leut. Czeczetka rasten beim Han Jošanica und trinken türkischen Kaffee.

137

138

139

Leüt. Czeczetka bei einer Wildentenjagd an der Drina tief unterhalb der Straße südlich Zvornik. Leüt. Balcarek sitzend, als Begleiter.

140

Leütnant Balcarek aüf einem felsen bei Han Tošanica, hoch über der Drina. (Han, türkisch, = Herberge).

139

140

141

Bad in der Drina in Zvornik. Von links nach rechts: Leutnt Balcarek, Leut. Pogačar, Leut. Zalán mit seinem Hund und Oblt Marcsák. Dahinter das serbische bergige Ufer.

141

142

Zvornik, Offiziersmesse in der Sommerveranda hinter dem Offizierskasino. In der Mitte des Bildes: Leutnant Balcarek. Rechts daneben: Oberleut. Marcsák. Ihm gegenüber: Hauptm. Mélot de Beauregard und Dr. Scharf.

143

Ein musikalischer Abend in der Wohnung des Hauptm. Sander in Zvornik. Seine Frau beim Klavier, Leut. Balcarek spielt Geige.

142

143

144

Bogumilengräber bei Kalinovik. Im Vordergrund ein interessanter, mit Skulpturen geschmückter Grabstein.

145

Ein Turm der uralten Ruine „Gorni grad" (= Obere Festung) aus dem 11. Jahrh., der Burg der sagenhaften Königin „Prokleta Jelena" (Verfluchte Helena). Diese Burg spielt in altbosnischen Sagen und Liedern eine hervorragende Rolle. Dahinter das Drinatal und die bosnischen Berge.

145

Bogumilengräber aus dem 10.–12. Jahrh. südlich der Kaserne auf der Krbljina. Solche Gräbergruppen findet man öfter in ganz Bosnien und Herzegovina zerstreut. Die Sekte der Bogumilen wurde durch die Reibungen der Anhänger des lateinischen und griechischen Ritus und infolge der verworrenen Religionsverhältnisse in Bosnien verbreitet. Der schon im 10. Jahrhundert aus Bulgarien nach Bosnien eingewanderte Priester Jeremias, auch Bogomil genannt, hatte diese Religion gestiftet, welche auf die Schicksale des Landes von größtem Einfluß wurde und dessen späteren Untergang vorbereitete. Die Bogumilen selbst nannten sich „gute Christen" und wurden von den Andersgläubigen Paterenen genannt, von der Römischen Curie aber als Ketzer bezeichnet.

Die Bogumilen verwarfen die Ehe, verboten den Verkehr mit Andersgläubigen, den Krieg und das Töten von Menschen überhaupt, den Eid und den Reichtum. Sie lehrten, daß man nur Gott zu gehorchen habe und keiner Obrigkeit. In der Mitte des 12. Jahrh. hatten die Bogumilen bereits viele Anhänger. Der bosnische Ban Kulin nahm mit 10.000 Bosniern den Glauben der Bogumilen an. Bogumilen gab es noch mehrere Hundert Jahre. Schließlich nahmen sie aber den mohammedanischen Glauben an.

147

Ein alter, verfallener „Mezarlyk" (Friedhof).

148

Im Dorf „Kula Gorni grad" hinter der Oberen Festung. Der Grabhüter („turbetar") vom Heiligengrab in Kula gorni grad am Grabe eines vornehmen Mohammedaners. (Siehe auch meine Erzählung „Bei Hassan, dem Grabhüter.")

149

Im äußeren Festungsgraben der Unteren Festung. Eine in die Mauer eingebaute Steinplatte mit dem angeblichen Bildnis der „Prokleta Jelena" („Verfluchte Helena"). Der Kopf fehlt. Seitengewehr rechts! Links oben Rest einer alten Inschrift.

147

148

149

150

Ein dekorativer Brunnen auf dem Appel-Platz in Dolnja Tuzla.

151

Begova Džamija (od. Husrev Beg-Moschee) im westl. Teil der Čaršija von Sarajevo, in der 1. Hälfte des 16. Jahrh. erbaut. Der schöne Brunnen für rituelle Waschungen ist sichtbar. Husrev Beg ist der Stifter dieser Moschee. Dessen Grabmahl steht neben der Moschee.

150

151

COMPUR